Impressum
Verlag: BABADADA GmbH, Nedderfeld 112 , 22529 Hamburg
Geschäftsführer / Verlagsleitung: Harald Hof
Druck: Books on Demand GmbH, In de Tarpen 42, 22848 Norderstedt

Imprint
Publisher: BABADADA GmbH, Nedderfeld 112 , 22529 Hamburg, Germany
Managing Director / Publishing direction: Harald Hof
Print: Books on Demand GmbH, In de Tarpen 42, 22848 Norderstedt

school

skole

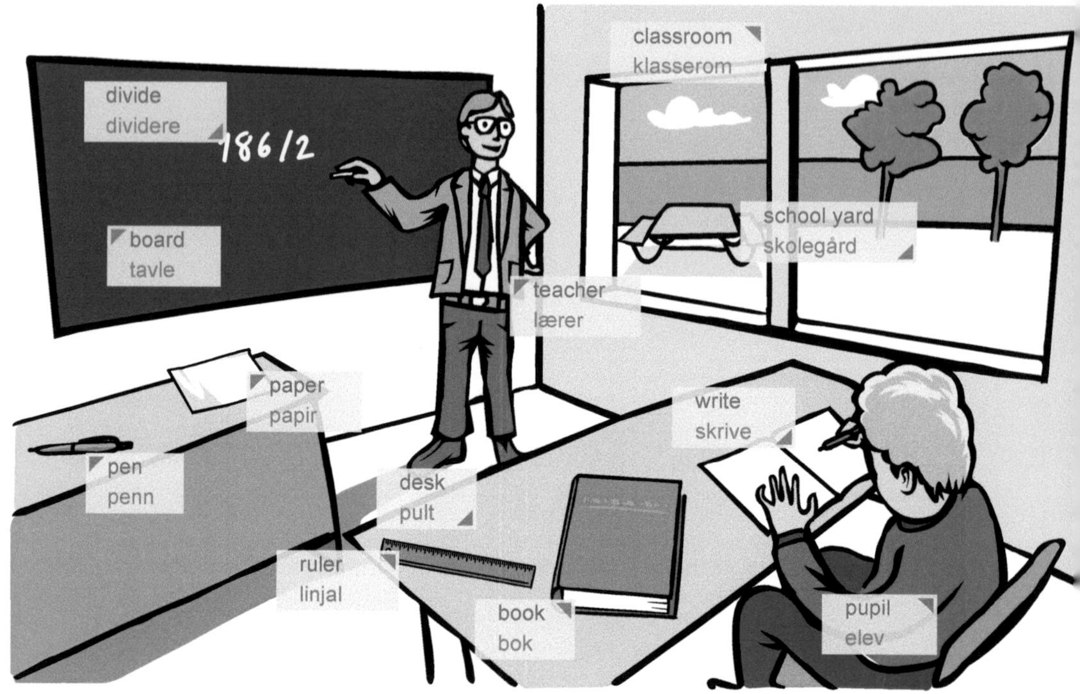
classroom
klasserom
divide
dividere
186/2
board
tavle
school yard
skolegård
teacher
lærer
paper
papir
write
skrive
pen
penn
desk
pult
ruler
linjal
book
bok
pupil
elev

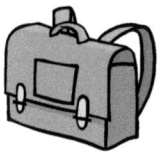

satchel

ransel

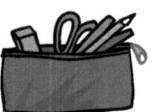

pencil case

penal

pencil

blyant

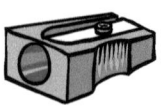

pencil sharpener

blyantspisser

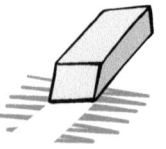

rubber

viskelær

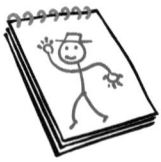

drawing pad

tegneblokk

drawing

tegning

paintbrush

pensel

paint box

malerskrin

scissors

saks

glue

lim

exercise book

arbeidsbok

homework

lekse

number

tall

add

addere

subtract

subtrahere

multiply

multiplisere

calculate

regne

letter

bokstav

alphabet

alfabet

word

ord

text
tekst

read
lese

chalk
kritt

lesson
skoletime

register
klassebok

examination
eksamen

certificate
vitnemål

school uniform
skoleuniform

education
utdannelse

encyclopedia
leksikon

university
universitet

microscope
mikroskop

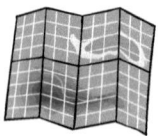

map
kart

waste-paper basket
papirkurv

hotel
hotell

hostel
pensjonat

ROOMS

currency exchange office
vekslingskontor

EXCHANGE

car
bil

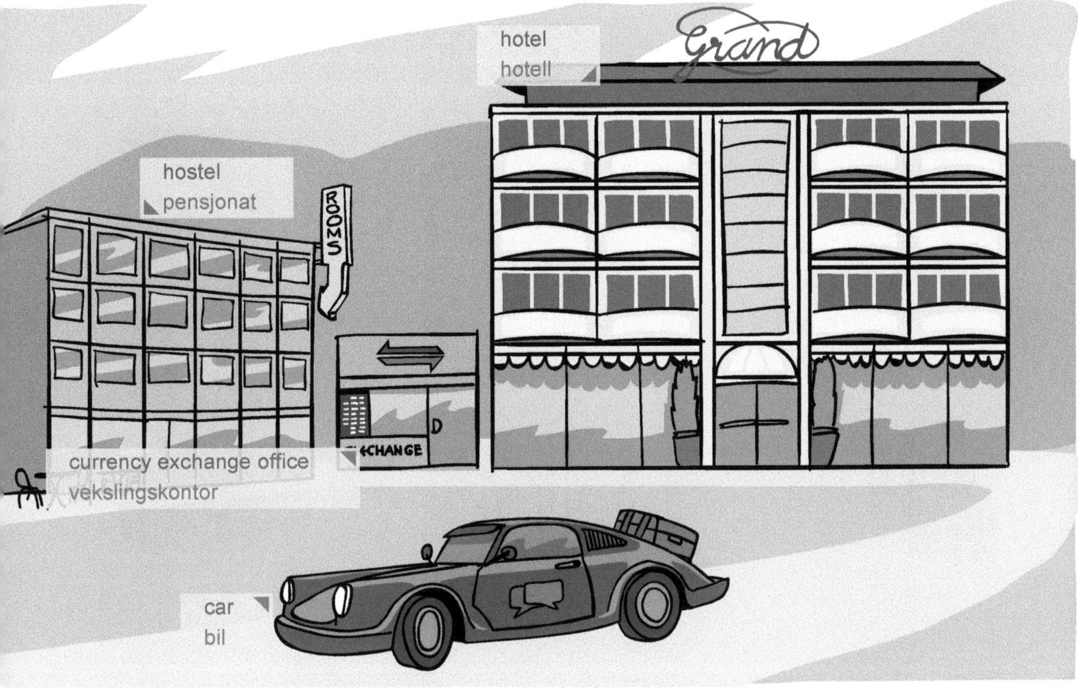

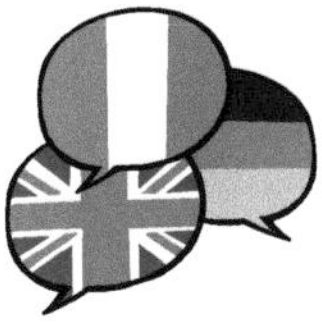

language

språk

yes / no

ja / nei

Okay

okay

hello

Hei

translator

tolk

Thank you

takk skal du ha

how much is...?

Hva koster...?

I don´t get it

Jeg forstår ikke

problem

problem

Good evening!

God kveld!

Good morning!

God morgen!

Good night!

God natt!

goodbye

ha det bra

direction

retning

luggage

bagasje

bag

veske

backpack

ryggsekk

guest

gjest

room

rom

sleeping bag

sovepose

tent

telt

tourist information

turistinformasjon

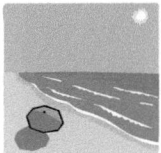

beach

strand

credit card

kredittkort

breakfast

frokost

lunch

lunsj

dinner

middag

Ticket

billett

elevator

heis

stamp

stempel

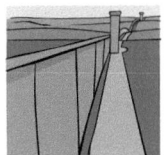

border

grense

customs

toll

embassy

ambassade

visa

visum

passport

pass

transport
transport

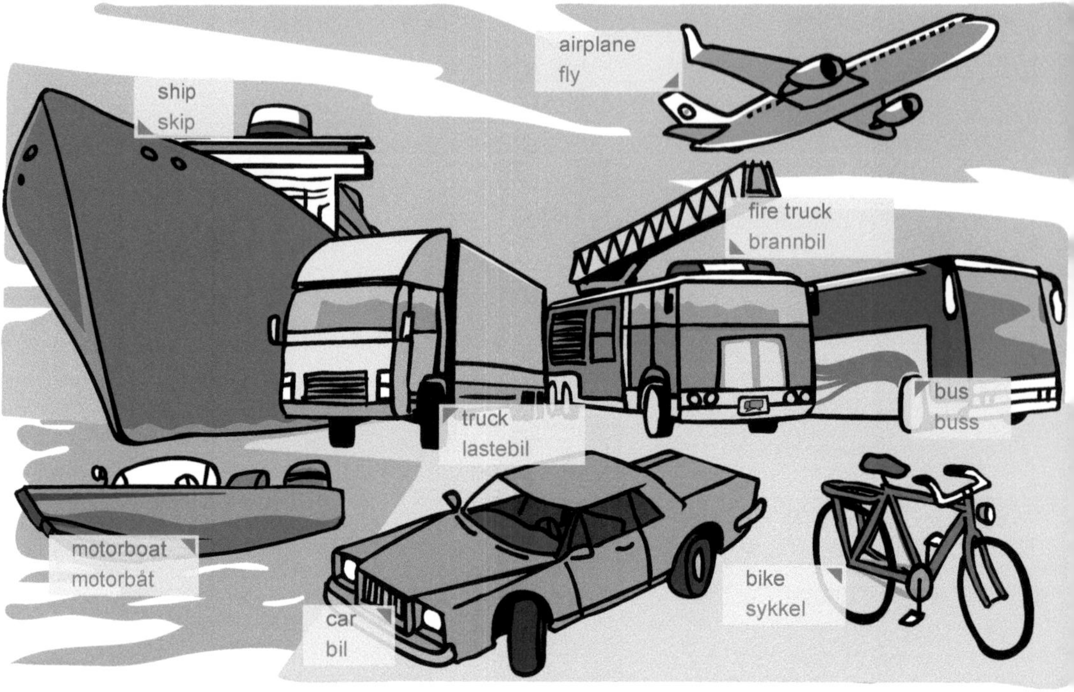
ship
skip
airplane
fly
fire truck
brannbil
truck
lastebil
bus
buss
motorboat
motorbåt
car
bil
bike
sykkel

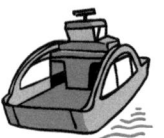

ferry

ferge

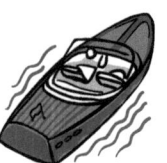

boat

båt

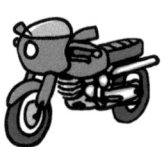

motorbike

motorsykkel

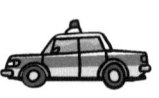

police car

politibil

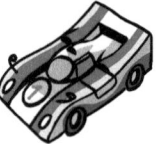

racing car

racerbil

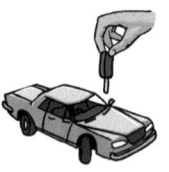

rental car

leiebil

car sharing

bilkollektiv

tow truck

bergingsbil

garbage truck

søppelbil

engine

motor

fuel

brennstoff

fuel station

bensinstasjon

traffic sign

trafikkskilt

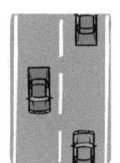

traffic

trafikk

traffic jam

trafikkork

parking lot

parkeringsplass

train station

togstasjon

tracks

skinne

train

tog

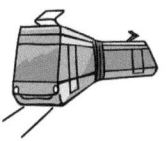

tram

trikk

wagon

vogn

helicopter

helikopter

airport

flyplass

tower

tårn

passenger

passasjer

container

konteiner

carton

kartong

cart

tralle

basket

kurv

take off / land

starte / lande

city

by

village

landsby

city center

sentrum

house

hus

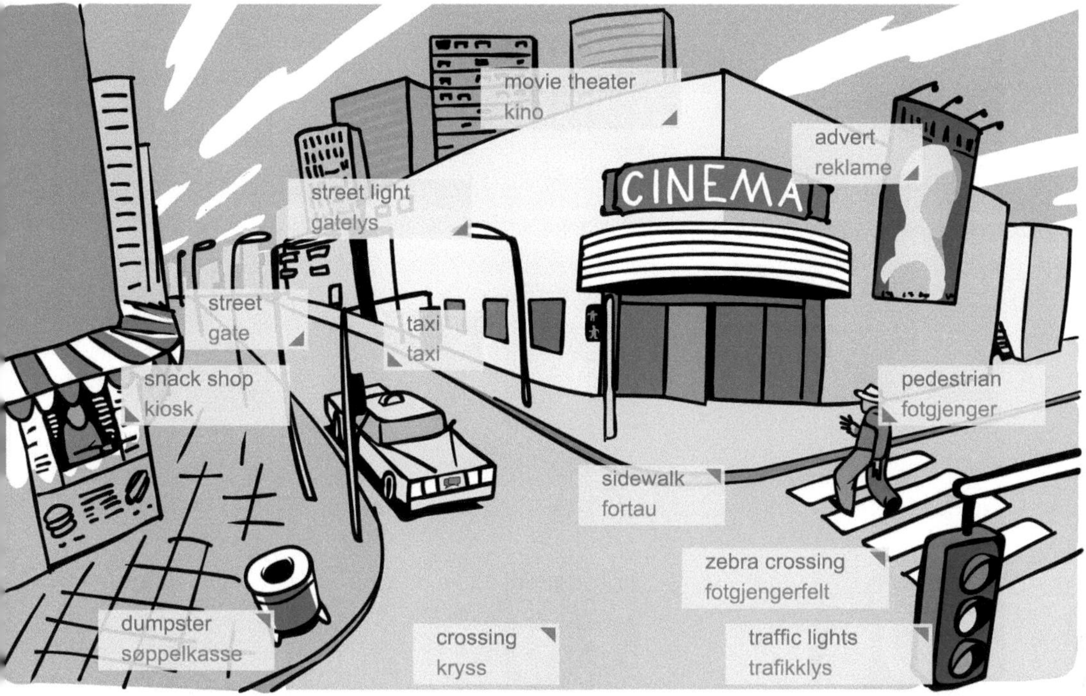

movie theater
kino

advert
reklame

street light
gatelys

CINEMA

street
gate

taxi
taxi

snack shop
kiosk

pedestrian
fotgjenger

sidewalk
fortau

zebra crossing
fotgjengerfelt

dumpster
søppelkasse

crossing
kryss

traffic lights
trafikklys

hut
hytte

apartment
leilighet

train station
togstasjon

city hall
rådhus

museum
museum

school
skole

city - by

university

universitet

bank

bank

hospital

sykehus

hotel

hotell

pharmacy

apotek

office

kontor

book shop

bokhandel

shop

butikk

flower shop

blomsterbutikk

supermarket

matbutikk

market

marked

department store

varehus

fishmonger's shop

fiskehandler

mall

kjøpesenter

harbor

havn

park

park

bench

benk

bridge

bro

stairs

trapp

subway

t-bane

tunnel

tunnel

bus stop

busstopp

bar

bar

restaurant

restaurant

postbox

postkasse

street sign

gateskilt

parking meter

parkometer

zoo

dyrehage

swimming pool

svømmebasseng

mosque

moské

farm
bondegård

pollution
miljøforurensing

cemetery
kirkegård

church
kirke

playground
lekeplass

temple
tempel

landscape
landskap

signpost
veiviser

path
vei

meadow
eng

stone
stein

tree
tre

hiker
turgåer

river
elv

grass
gress

flower
blomst

valley

dal

hill

fjell

lake

innsjø

forest

skog

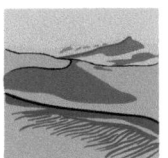

desert

ørken

volcano

vulkan

castle

slott

rainbow

regnbue

mushroom

sopp

palm tree

palmetre

mosquito

mygg

fly

flue

ant

maur

bee

bie

spider

edderkopp

landscape - landskap

beetle

bille

frog

frosk

squirrel

ekorn

hedgehog

piggsvin

hare

hare

owl

ugle

bird

fugl

swan

svane

boar

villsvin

deer

hjort

moose

elg

dam

demning

wind turbine

vindturbin

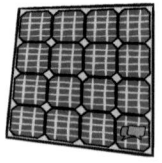

solar panel

solcellepanel

climate

klima

restaurant
restaurant

waiter
kelner
menu
meny
chair
stol
soup
suppe
pizza
pizza
tablecloth
duk
cutlery
bestikk

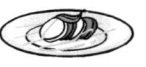

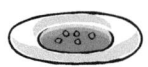

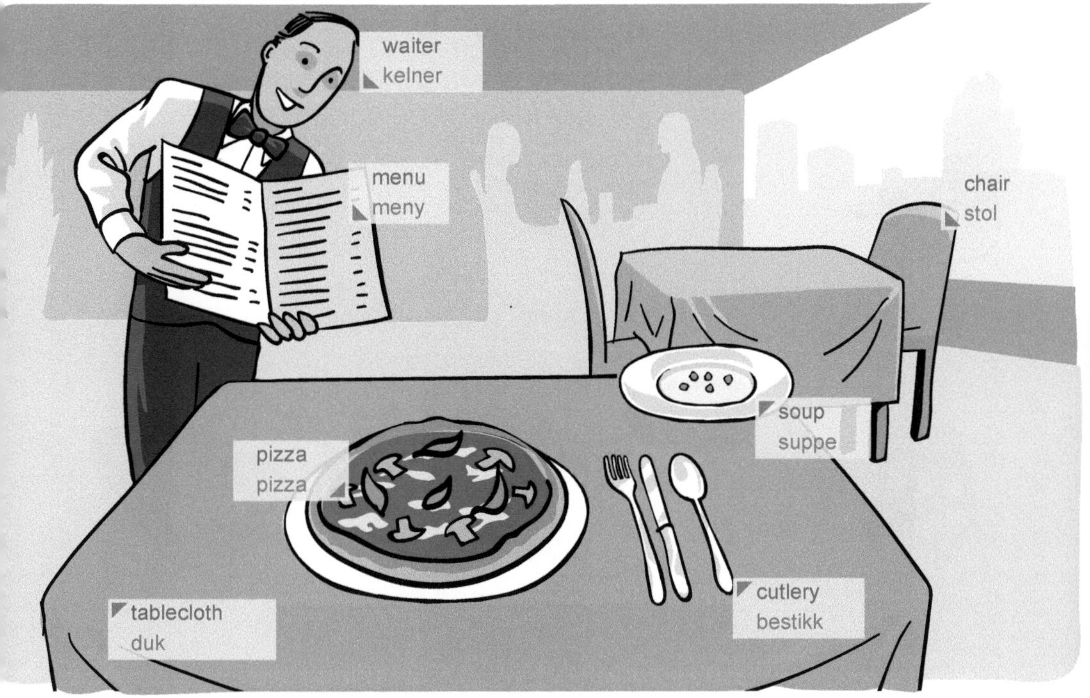

starter

forrett

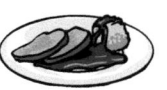

main course

hovedrett

dessert

dessert

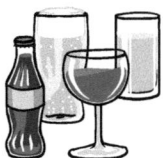

drinks

drikkevarer

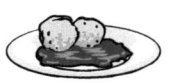

food

mat

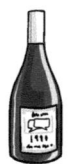

bottle

flaske

fast food

hurtigmat

street food

gatemat

teapot

tekanne

sugar bowl

sukkerskål

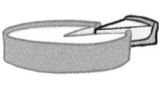

portion

porsjon

espresso machine

espressomaskin

high chair

barnestol

bill

regning

tray

brett

knife

kniv

fork

gaffel

spoon

skje

teaspoon

teskje

serviette

serviett

glass

glass

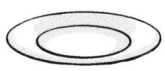

plate

tallerken

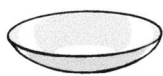

soup plate

suppetallerken

saucer

skål

sauce

saus

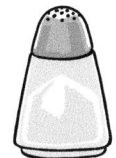

salt shaker

saltbøsse

pepper mill

pepperkvern

vinegar

eddik

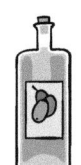

oil

olje

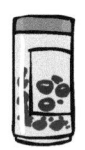

spices

krydder

ketchup

ketchup

mustard

sennep

mayonnaise

majones

supermarket
matbutikk

special offer
tilbud
FOR
customer
kunde
dairy products
meieriprodukt
fruit
frukt
shopping cart
handlevogn

BUTCHERS

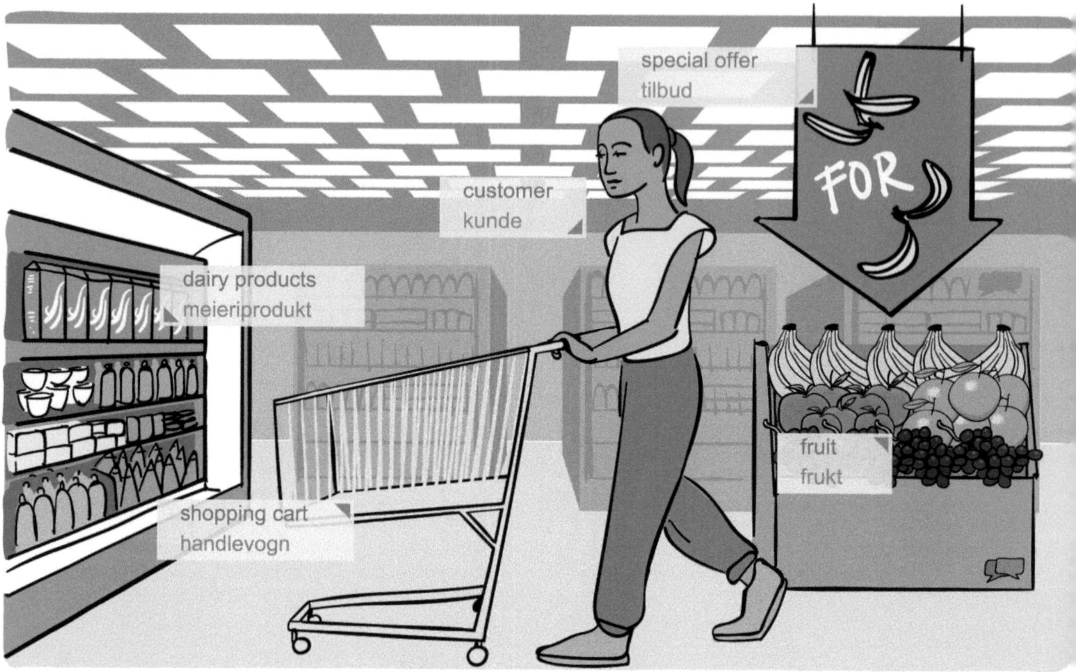

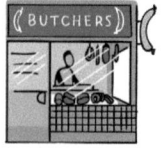

butcher's shop

slakter

BAKERY

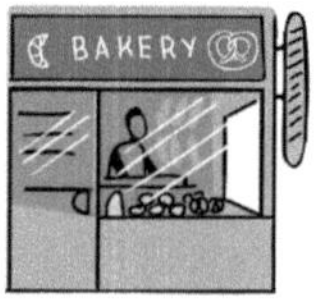

bakery

bakeri

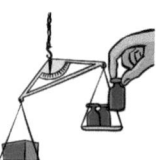

weigh

veie

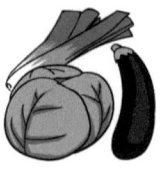

vegetables

grønnsaker

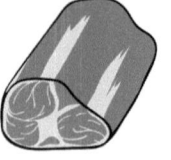

meat

kjøtt

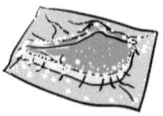

frozen food

frysevarer

cold cuts

oppskåret pålegg

canned food

hermetikk

detergent

vaskepulver

candy

godteri

household products

husholdningsprodukter

cleaning products

rengjøringsmidler

sales representative

butikkmedarbeider

cash register

kassaapparat

cashier

kasserer

shopping list

handleliste

opening hours

åpningstider

wallet

lommebok

credit card

kredittkort

bag

veske

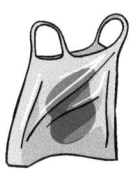

plastic bag

plastpose

water

vann

juice

juice

milk

melk

coke

cola

wine

vin

beer

øl

alcohol

alkohol

cocoa

kakao

tea

te

coffee

kaffe

espresso

espresso

cappuccino

cappuccino

banana

banan

apple

eple

orange

appelsin

melon

melon

lemon

sitron

carrot

gulrot

garlic

hvitløk

bamboo

bambus

onion

løk

mushroom

sopp

nuts

nøtter

noodles

nudler

spaghetti

spagetti

rice

ris

salad

salat

fries

pommes frites

fried potatoes

stekte poteter

pizza

pizza

hamburger

hamburger

sandwich

sandwich

escalope

biff

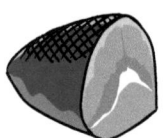

ham

skinke

salami

salami

sausage

pølse

chicken

kylling

roast

stek

fish

fisk

porridge oats

havregryn

muesli

müsli

cornflakes

cornflakes

flour

mel

croissant

croissant

bread roll

rundstykke

bread

brød

toast

ristet brød

cookies

kjeks

butter

smør

curd

kvarg

cake

kake

egg

egg

fried egg

speilegg

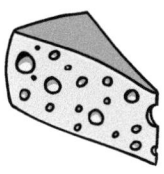

cheese

ost

ice cream

iskrem

sugar

sukker

honey

honning

jelly

syltetøy

nougat cream

sjokoladepålegg

curry

karri

goat

geit

cow

ku

calf

kalv

pig

gris

piglet

grisunge

bull

okse

goose

gås

duck

and

chick

kylling

hen

høne

cockerel

hane

rat

rotte

cat

katt

mouse

mus

ox

okse

dog

hund

dog house

hundehus

garden hose

hageslange

watering can

vannkanne

scythe

ljå

plow

plog

sickle

sigd

hoe

hakke

pitchfork

høygaffel

axe

øks

pushcart

trillebår

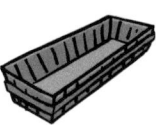

trough

trau

milk can

melkekanne

sack

sekk

fence

gjerde

stable

fjøs

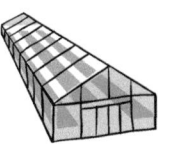

greenhouse

drivhus

soil

jord

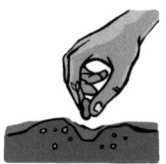

seed

frø

fertilizer

gjødsel

combine harvester

skurtresker

harvest

høste

harvest

innhøsting

yams

yams

wheat

hvete

soya

soja

potato

potet

corn

mais

rapeseed

raps

fruit tree

frukttre

manioc

kassava

grain

korn

house

hus

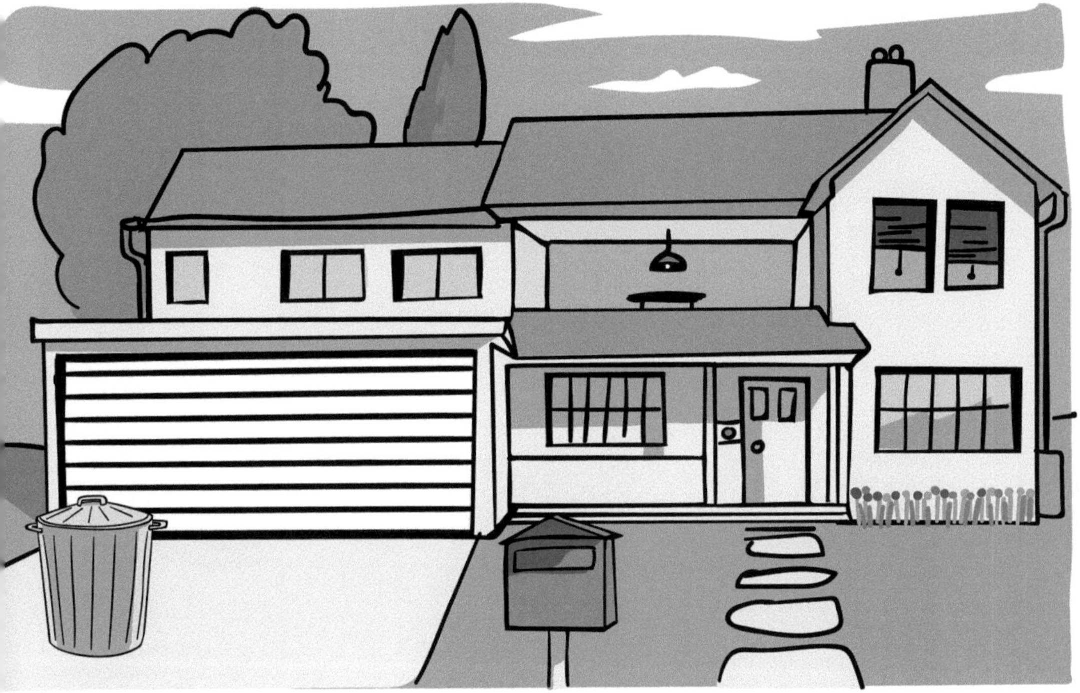

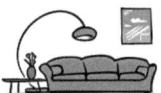

living room

stue

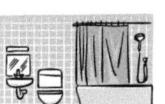

bathroom

bad

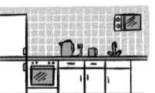

kitchen

kjøkken

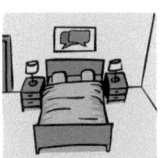

bedroom

soverom

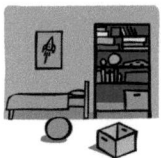

kids room

barnerom

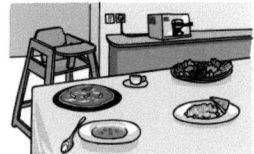

dining room

spisestue

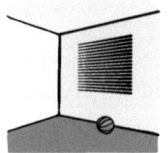

floor

gulv

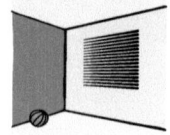

wall

vegg

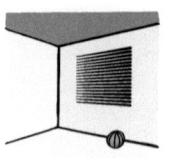

ceiling

tak

cellar

kjeller

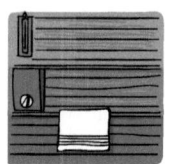

sauna

badstue

balcony

balkong

terrace

terrasse

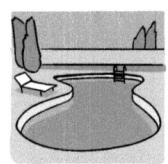

pool

svømmebasseng

lawn mower

gressklipper

sheet

laken

bedspread

dyne

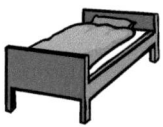

bed

seng

broom

kost

bucket

bøtte

switch

bryter

carpet

gulvteppe

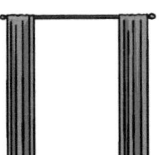

drape

gardin

table

bord

chair

stol

rocking chair

gyngestol

armchair

lenestol

book

bok

blanket

teppe

decoration

dekorasjon

firewood

ved

film

film

stereo system

stereoanlegg

key

nøkkel

newspaper

avis

painting

maleri

poster

plakat

radio

radio

notebook

notatblokk

vacuum cleaner

støvsuger

cactus

kaktus

candle

lys

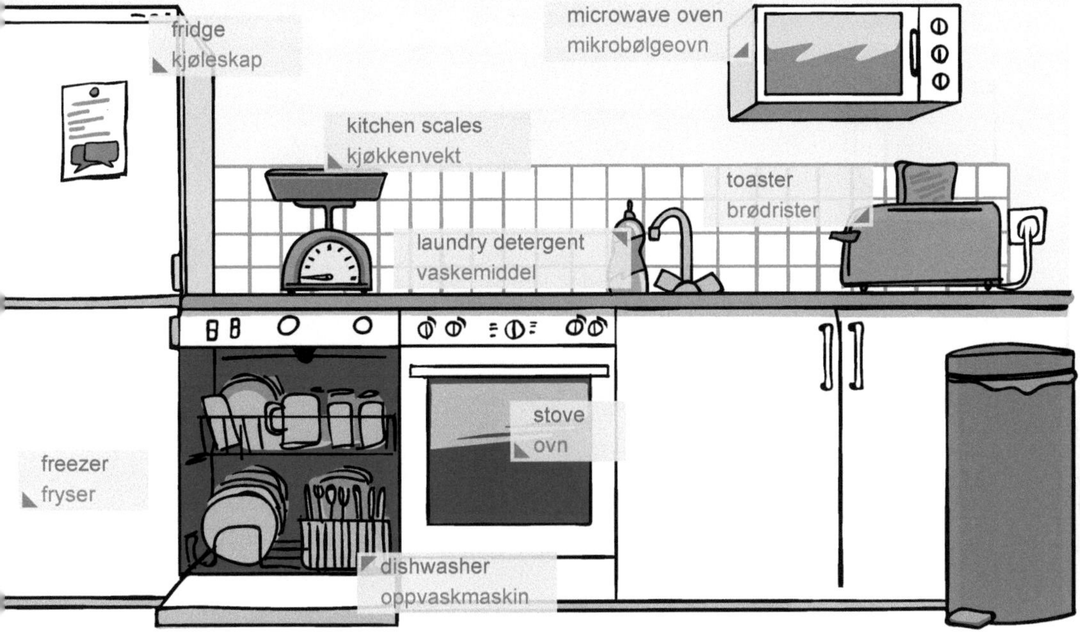

fridge
kjøleskap

microwave oven
mikrobølgeovn

kitchen scales
kjøkkenvekt

toaster
brødrister

laundry detergent
vaskemiddel

freezer
fryser

stove
ovn

dishwasher
oppvaskmaskin

cooker
komfyr

pot
gryte

cast-iron pot
jerngryte

wok / kadai
wokpanne

pan
panne

kettle
vannkoker

steamer

dampovn

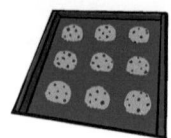

baking tray

stekebrett

crockery

servise

mug

krus

bowl

bolle

chopsticks

spisepinner

ladle

øse

spatula

stekespade

whisk

visp

strainer

sil

sieve

sil

grater

rivjern

mortar

mørtel

barbecue

grill

fireplace

bål

chopping board

skjærefjøl

rolling pin

kjevle

corkscrew

korketrekker

can

boks

can opener

boksåpner

oven cloth

gryteklut

sink

vask

brush

børste

sponge

svamp

blender

blender

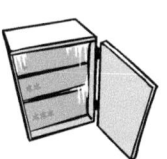

deep freezer

fryseboks

baby bottle

tåteflaske

tap

kran

bathroom
bad

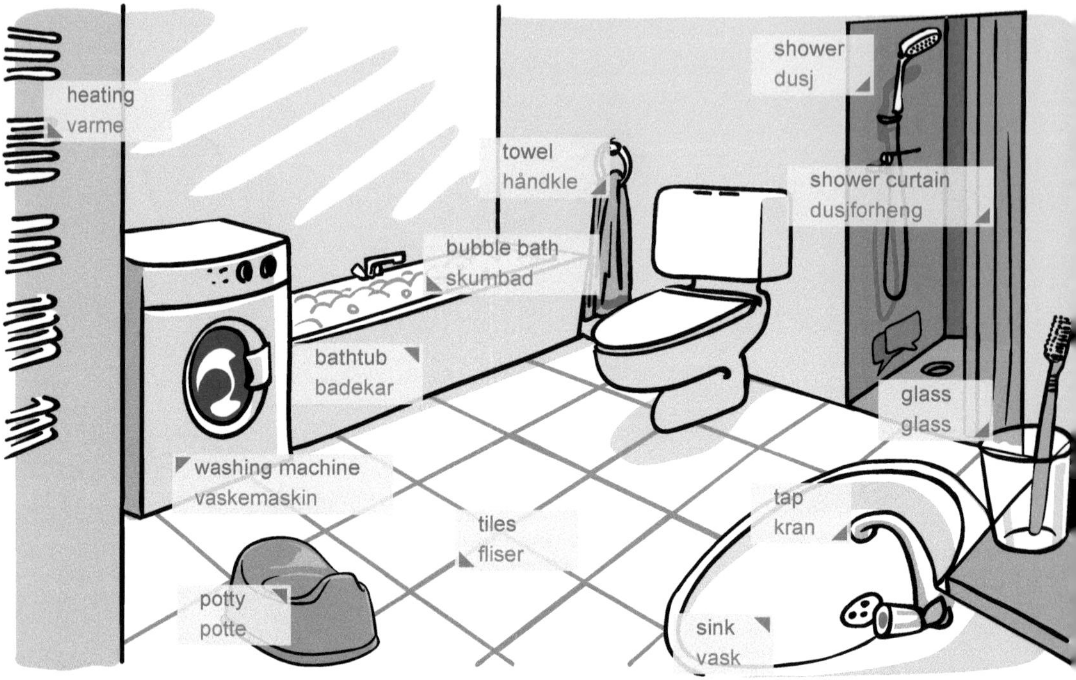
shower
dusj
heating
varme
towel
håndkle
shower curtain
dusjforheng
bubble bath
skumbad
bathtub
badekar
glass
glass
washing machine
vaskemaskin
tap
kran
tiles
fliser
potty
potte
sink
vask

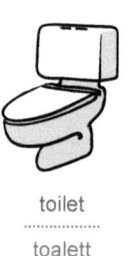

toilet

toalett

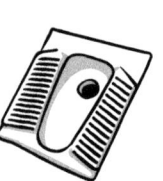

squat toilet

ståtoalett

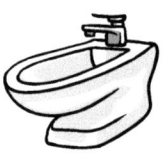

bidet

bidet

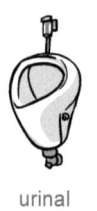

urinal

pissoar

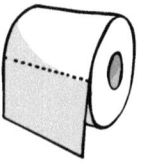

toilet paper

toalettpapir

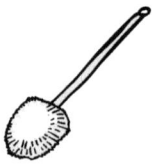

toilet brush

toalettbørste

toothbrush

tannbørste

toothpaste

tannkrem

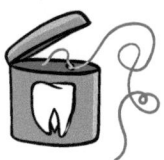

dental floss

tanntråd

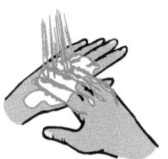

wash

vaske

hand shower

hånddusj

douche

intimdusj

basin

oppvaskbalje

back brush

ryggbørste

soap

såpe

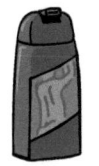

shower gel

dusjsåpe

shampoo

sjampo

flannel

vaskeklut

drain

avløp

creme

krem

deodorant

deodorant

mirror

speil

hand mirror

håndspeil

razor

barberhøvel

shaving foam

barberskum

aftershave

barberingsvann

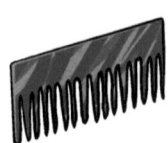

comb

kam

brush

børste

hair-dryer

hårføner

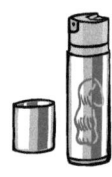

hairspray

hårspray

makeup

sminke

lipstick

lebestift

nail varnish

neglelakk

cotton wool

bomullsdott

nail scissors

neglesaks

perfume

parfyme

washbag

toalettmappe

stool

krakk

weighing scales

vekt

bathrobe

badekåpe

rubber gloves

gummihansker

tampon

tampong

sanitary towel

sanitetsbind

chemical toilet

kjemisk toalett

kids room
barnerom

alarm clock
vekkerklokke
cuddly toy
kosedyr
toy car
lekebil
rattle
rangle
doll's house
dukkehus
present
gave

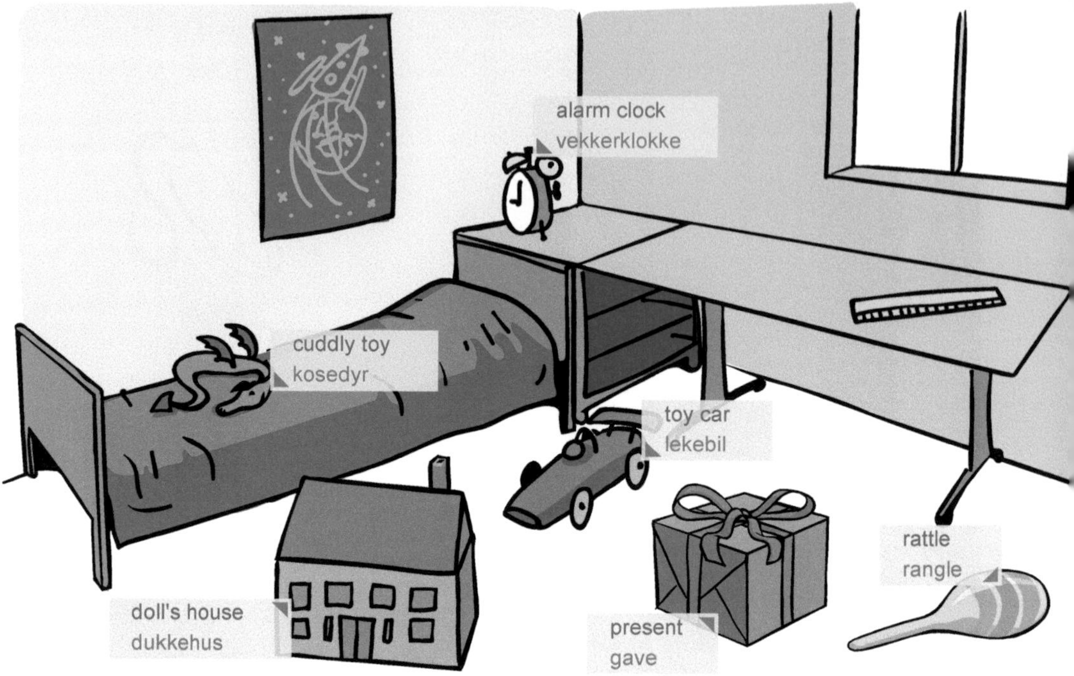

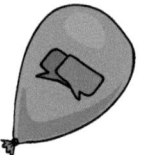

balloon

ballong

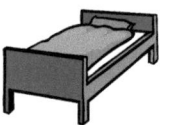

bed

seng

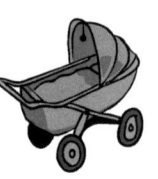

stroller

barnevogn

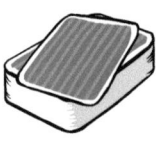

deck of cards

kortstokk

jigsaw

puslespill

SUPER MEGA

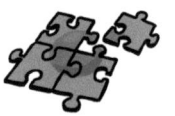

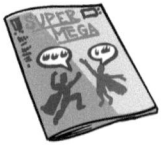

comic

tegneserie

lego bricks

lego klosser

toy blocks

byggeklosser

action figure

actionfigur

romper suit

sparkebukse

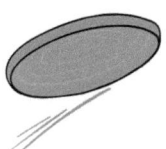

frisbee

frisbee

mobile

uro

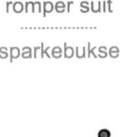

board game

brettspill

dice

terning

model train set

togbane

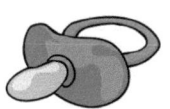

pacifier

smokk

party

fest

picture book

bildebok

ball

ball

doll

dukke

play

leke

sandpit

sandkasse

swing

gynge

toys

leketøy

video game console

spillekonsoll

tricycle

trehjulssykkel

teddy bear

bamse

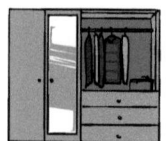

wardrobe

garderobeskap

clothing
klær

socks

sokker

stockings

strømper

tights

strømpebukse

scarf
skjerf

belt
belte

umbrella
paraply

t-shirt
t-skjorte

boots
støvler

slippers
tøfler

sneakers
sneakers

sandals
sandaler

shoes
sko

rubber boots
gummistøvler

underwear
underbukse

bra
BH

undershirt
undertrøye

clothing - klær

body

body

pants

bukse

jeans

dongeribukse

skirt

skjørt

blouse

bluse

shirt

skjorte

pullover

genser

sweater

hettegenser

blazer

dressjakke

jacket

jakke

coat

kåpe

raincoat

regnjakke

costume

drakt

dress

kjole

wedding dress

brudekjole

suit
dress

nightgown
nattkjole

pajamas
pyjamas

sari
sari

headscarf
skaut

turban
turban

burka
burka

kaftan
kaftan

abaya
abaya

swimsuit
badedrakt

trunks
badebukse

shorts
shorts

tracksuit
treningsklær

apron
forkle

gloves
handske

button

knapp

glasses

brille

bracelet

armbånd

necklace

kjede

ring

ring

earring

øredobb

cap

lue

coat hanger

kleshenger

hat

hatt

tie

slips

zip

glidelås

helmet

hjelm

braces

bukseseler

school uniform

skoleuniform

uniform

uniform

bib
....
smekke

pacifier
....
smokk

diaper
....
bleie

office
kontor

server
server

filing cabinet
arkivskap

printer
skriver

paper
papir

monitor
skjerm

mouse
mus

desk
pult

folder
perm

keyboard
tastatur

waste-paper basket
papirkurv

chair
stol

computer
datamaskin

coffee mug
....
kaffekopp

calculator
....
kalkulator

internet
....
internett

laptop

bærbar pc

letter

brev

message

beskjed

cell phone

mobiltelefon

network

nettverk

photocopier

kopimaskin

software

programvare

telephone

telefon

plug socket

stikkontakt

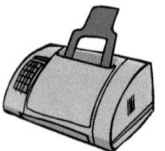

fax machine

faksmaskin

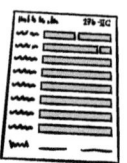

form

skjema

document

dokument

buy

kjøpe

pay

betale

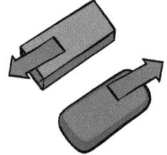

trade

handle

money

penger

dollar

dollar

euro

euro

yen

yen

rouble

rubel

Swiss franc

sveitserfranc

renminbi yuan

renminbi

rupee

rupi

cash point

minibank

currency exchange office

vekslingskontor

gold

gull

silver

sølv

oil

olje

energy

energi

price

pris

contract

kontrakt

tax

avgift

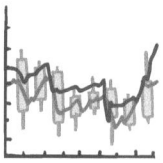

stock

aksje

work

jobbe

employee

ansatt

employer

arbeitsgiver

factory

fabrikk

shop

butikk

occupations
yrker

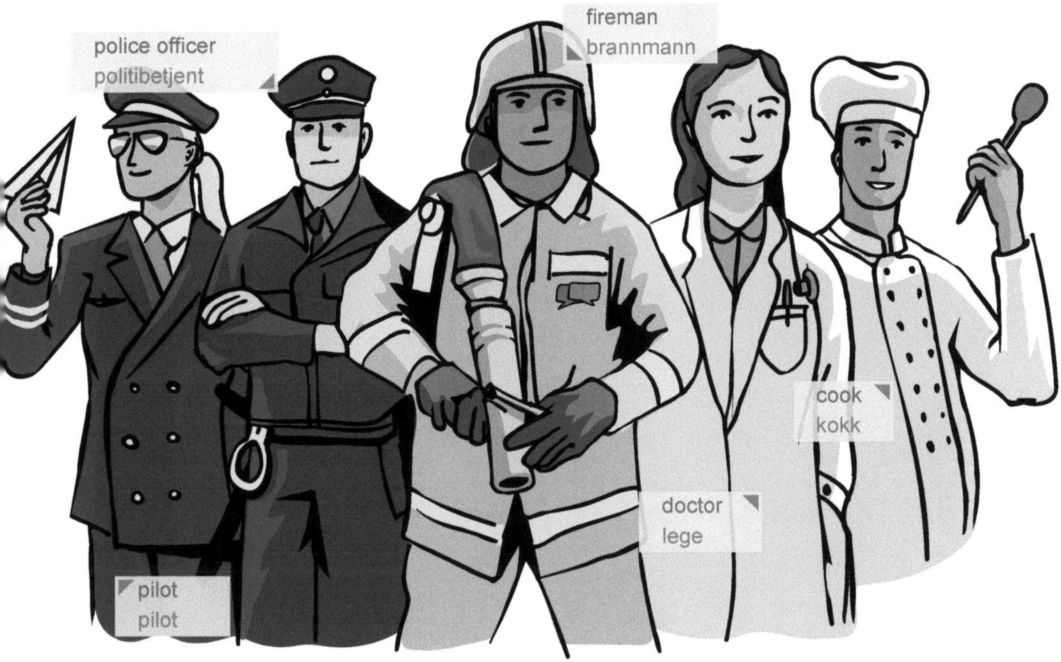
police officer
politibetjent
fireman
brannmann
cook
kokk
doctor
lege
pilot
pilot

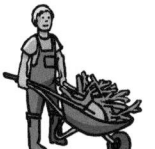

gardener

gartner

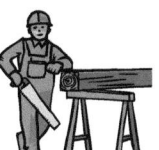

carpenter

snekker

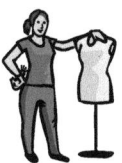

seamstress

syerske

judge

dommer

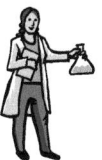

chemist

kjemiker

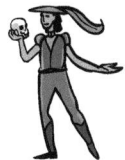

actor

skuespiller

bus driver

bussjåfør

taxi driver

taxisjåfør

fisherman

fisker

cleaning lady

vaskedame

roofer

taktekker

waiter

kelner

hunter

jeger

painter

maler

baker

baker

electrician

elektriker

builder

bygningsarbeider

engineer

ingeniør

butcher

slakter

plumber

rørlegger

postman

postbud

occupations - yrker

soldier

soldat

architect

arkitekt

cashier

kasserer

florist

blomsterhandler

hairdresser

frisør

conductor

konduktør

mechanic

mekaniker

captain

kaptein

dentist

tannlege

scientist

forsker

rabbi

rabbi

imam

imam

monk

munk

pastor

prest

tools
verktøy

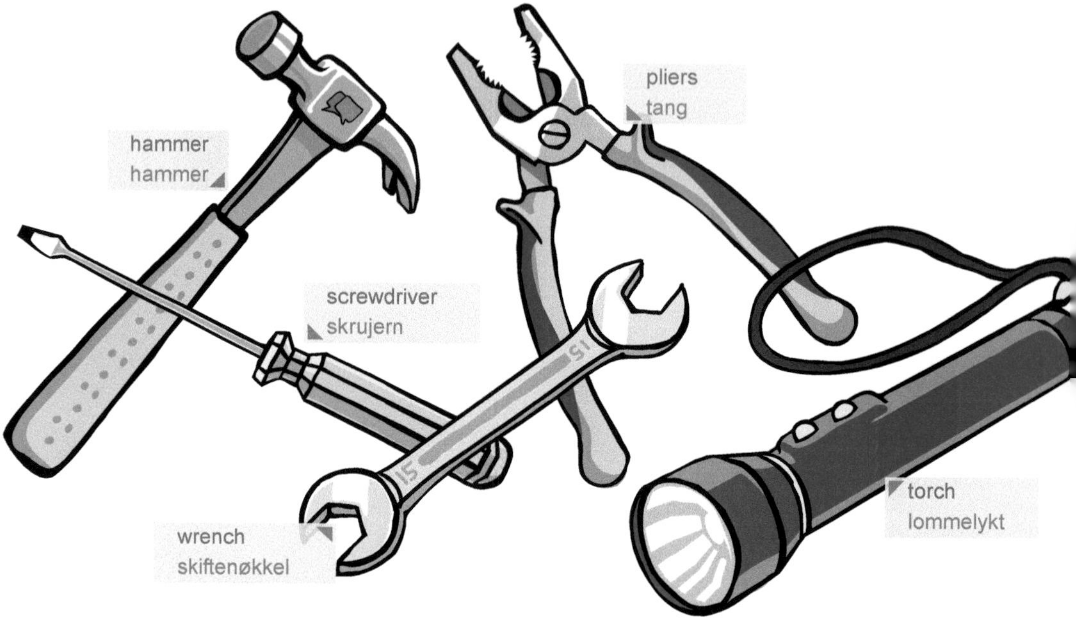

hammer
hammer

pliers
tang

screwdriver
skrujern

wrench
skiftenøkkel

torch
lommelykt

excavator

gravemaskin

toolbox

verktøykasse

ladder

stige

saw

sag

nails

spiker

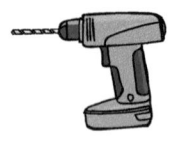

drill

bor

repair
reparere

shovel
spade

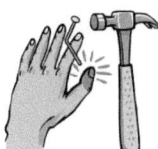

Damn!
Søren!

dustpan
feiebrett

paint can
malingsspann

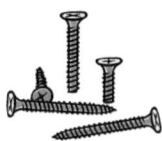

screws
skruer

musical instruments
musikkinstrument

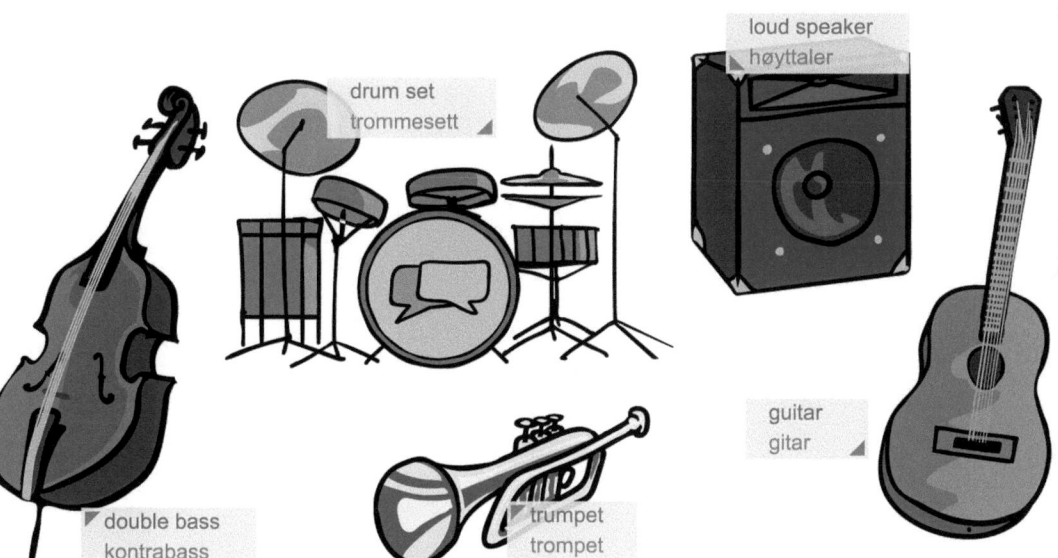

loud speaker
høyttaler

drum set
trommesett

guitar
gitar

double bass
kontrabass

trumpet
trompet

piano
piano

violin
fiolin

bass
bass

timpani
pauke

drums
trommer

keyboard
keyboard

saxophone
saksofon

flute
fløyte

microphone
mikrofon

musical instruments - musikkinstrument

zoo
dyrehage

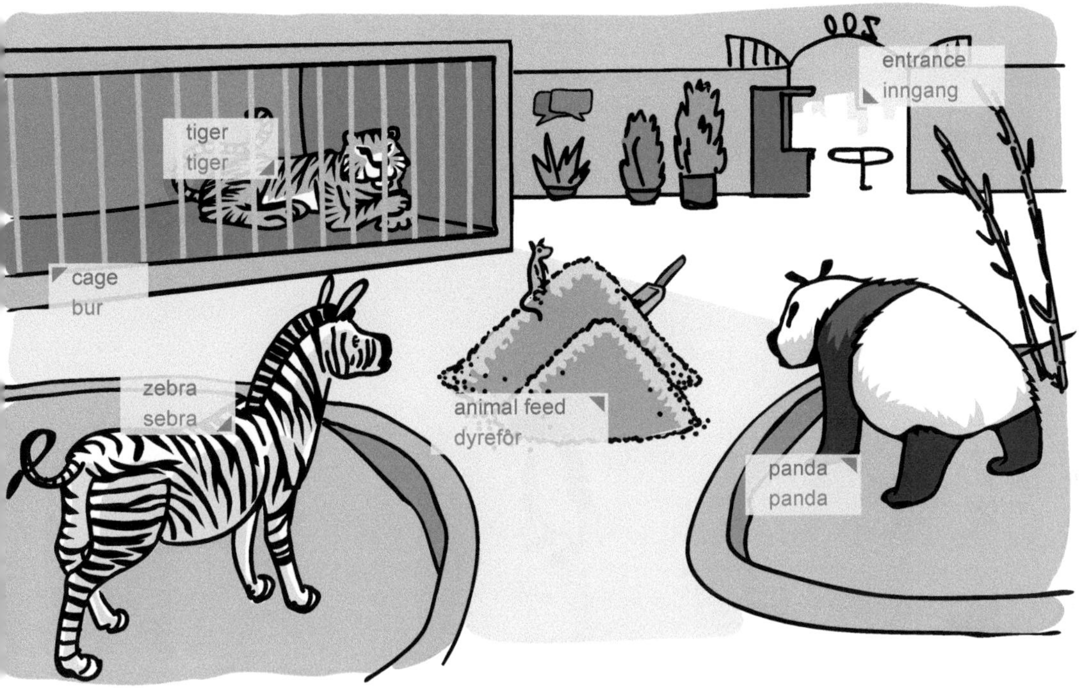

tiger
tiger
entrance
inngang
cage
bur
zebra
sebra
animal feed
dyrefôr
panda
panda

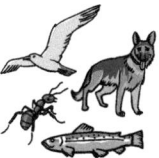

animals
dyr

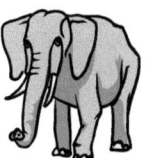

elephant
elefant

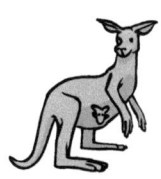

kangaroo
kenguru

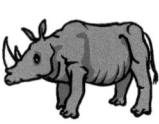

rhino
neshorn

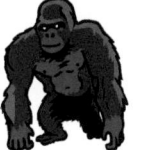

gorilla
gorilla

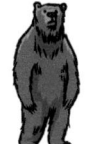

bear
bjørn

camel

kamel

ostrich

struts

lion

løve

monkey

ape

flamingo

flamingo

parrot

papegøye

polar bear

isbjørn

penguin

pingvin

shark

hai

peacock

påfugl

snake

slange

crocodile

krokodille

zookeeper

dyrepasser

seal

sel

jaguar

jaguar

zoo - dyrehage

pony
ponni

leopard
leopard

hippo
flodhest

giraffe
giraff

eagle
ørn

boar
villsvin

fish
fisk

turtle
skilpadde

walrus
hvalross

fox
rev

gazelle
gaselle

American football
amerikansk fotball

cycling
sykling

tennis
tennis

basketball
basketball

swimming
svømming

boxing
boksing

ice hockey
ishockey

soccer
fotball

badminton
badminton

athletics
friidrett

handball
håndball

skiing
stå på ski

polo
polo

laugh
le

jump
hoppe

hug
klemme

walk
gå

sing
synge

dream
drømme

pray
be

kiss
kysse

write
skrive

draw
tegne

show
vise

push
trykke

give
gi

take
ta

have
ha

do
gjøre

be
være

stand
stå

run
løpe

pull
dra

throw
kaste

fall
falle

lie
ligge

wait
vente

carry
bære

sit
sitte

get dressed
kle på

sleep
sove

wake up
våkne

look at

se på

cry

gråte

stroke

stryke

comb

gre

talk

snakke

understand

forstå

ask

spørre

listen

høre

drink

drikke

eat

spise

tidy up

rydde

love

elske

cook

lage mat

drive

kjøre

fly

fly

sail

seile

calculate

regne

read

lese

learn

lære

work

jobbe

marry

gifte seg

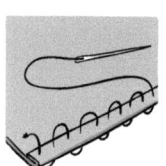

sew

sy

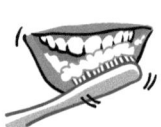

brush teeth

pusse tenner

kill

drepe

smoke

røyke

send

sende

activities - aktiviteter

family
familie

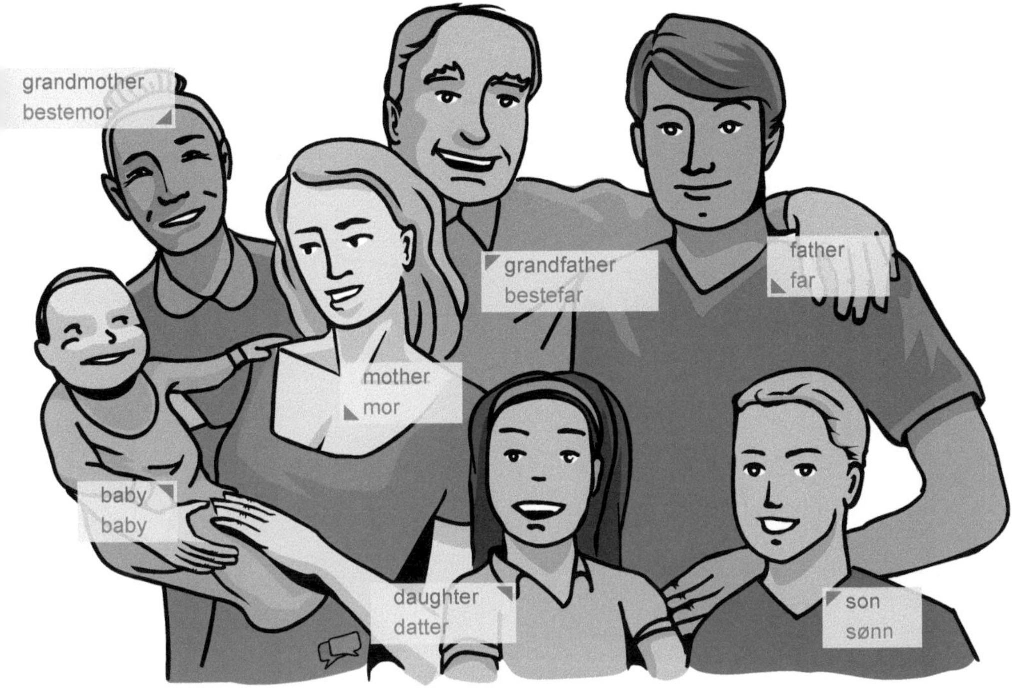
grandmother
bestemor
grandfather
bestefar
father
far
mother
mor
baby
baby
daughter
datter
son
sønn

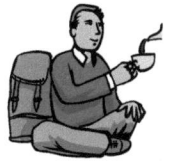

guest
gjest

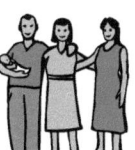

aunt
tante

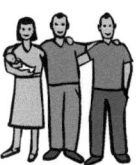

uncle
onkel

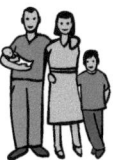

brother
bror

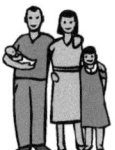

sister
søster

body

kropp

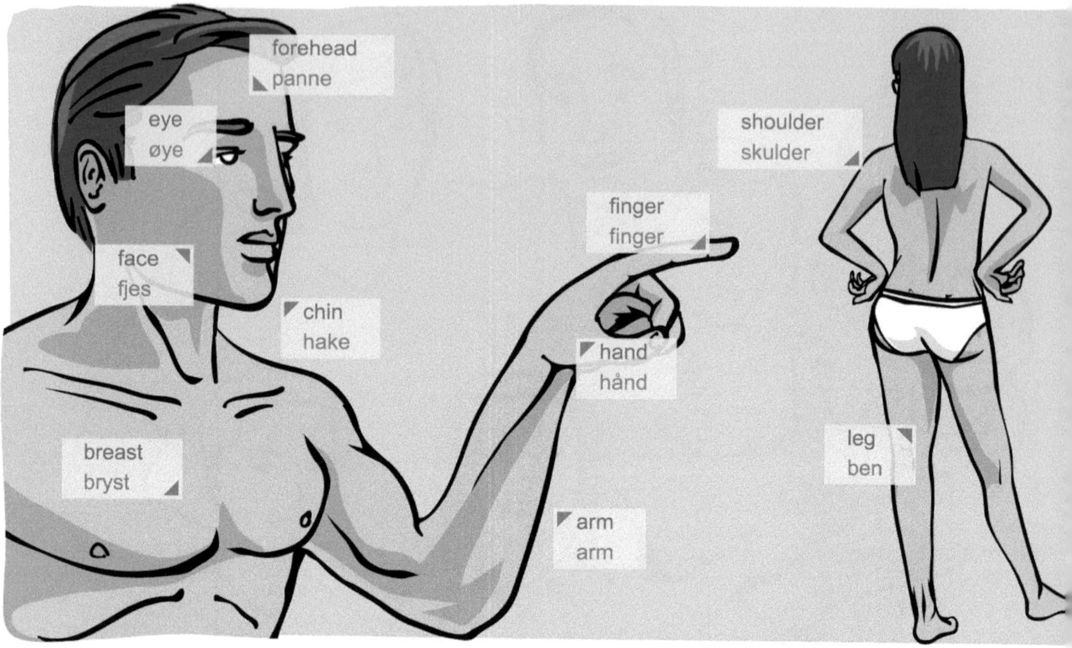

forehead
panne

eye
øye

shoulder
skulder

finger
finger

face
fjes

chin
hake

hand
hånd

breast
bryst

leg
ben

arm
arm

baby
baby

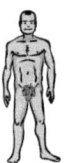

man
mann

woman
kvinne

girl
jente

boy
gutt

head
hode

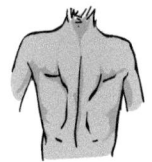

back
rygg

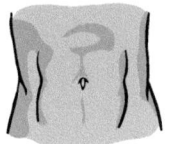

belly
mage

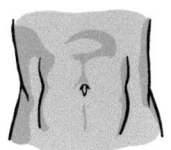

navel
navle

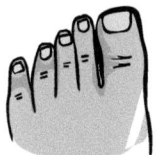

toe
tå

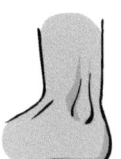

heel
hæl

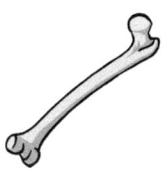

bone
bein

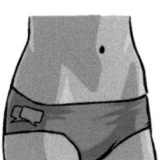

hip
hofte

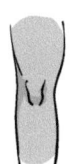

knee
kne

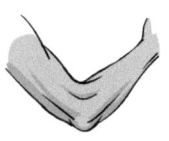

elbow
albue

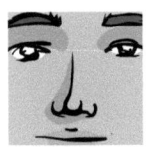

nose
nese

buttocks
rumpe

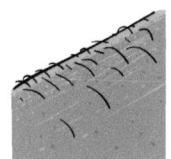

skin
hud

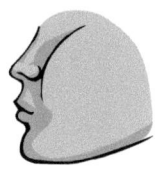

cheek
kinn

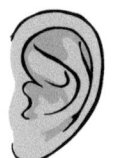

ear
øre

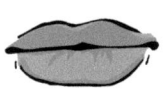

lip
leppe

body - kropp

mouth

munn

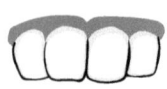

tooth

tann

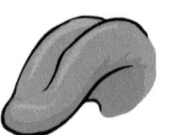

tongue

tunge

brain

hjerne

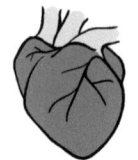

heart

hjerte

muscle

muskel

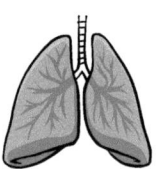

lung

lunge

liver

lever

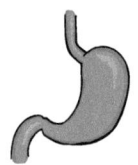

stomach

magesekk

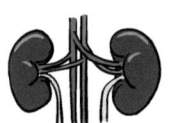

kidneys

nyrer

sex

samleie

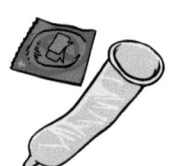

condom

kondom

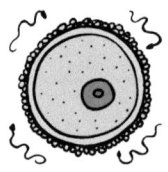

ovum

eggcelle

semen

sæd

pregnancy

graviditet

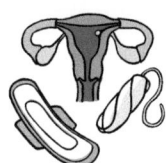

menstruation

menstruasjon

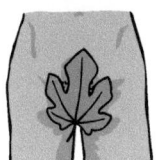

vagina

vagina

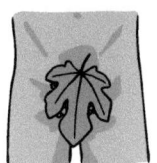

penis

penis

eyebrow

øyenbryn

hair

hår

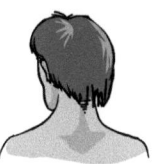

neck

hals

hospital
sykehus

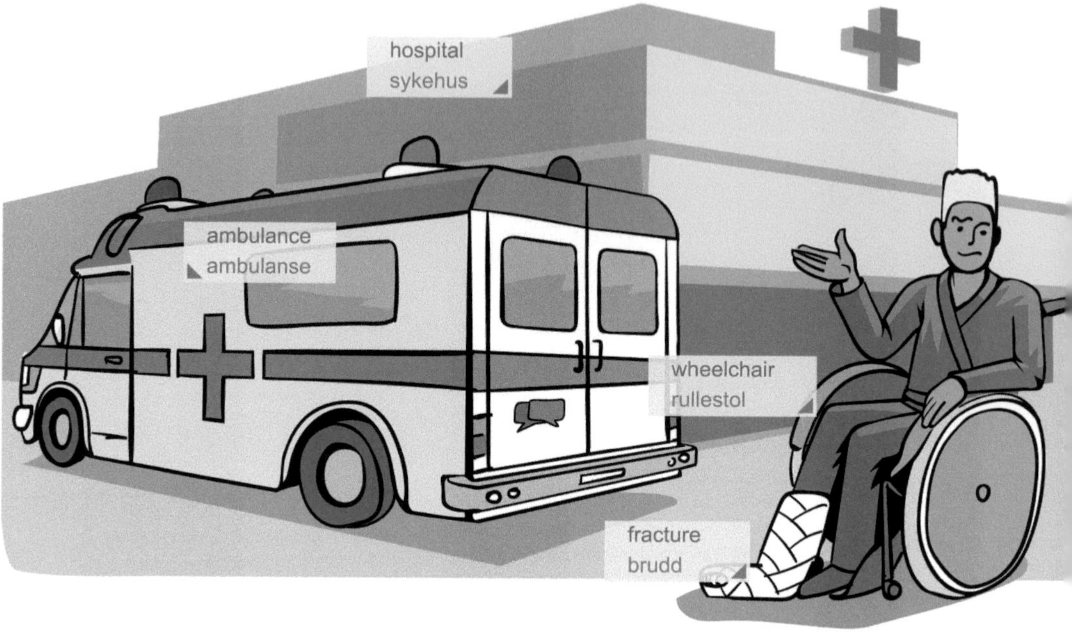

hospital
sykehus
ambulance
ambulanse
wheelchair
rullestol
fracture
brudd

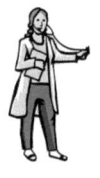

doctor

lege

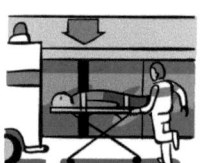

emergency room

akuttmottak

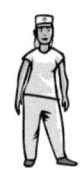

nurse

sykepleier

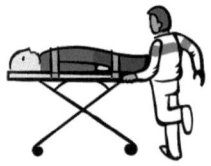

emergency

nødsituasjon

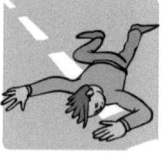

unconscious

bevisstløs

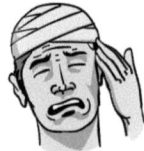

pain

smerte

injury

skade

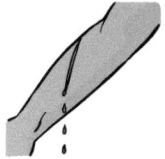

bleeding

blødning

heart attack

hjerteinfarkt

stroke

hjerneslag

allergy

allergi

cough

hoste

fever

feber

flu

influensa

diarrhea

diaré

headache

hodepine

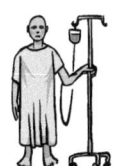

cancer

kreft

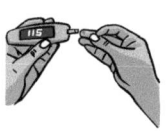

diabetes

diabetes

surgeon

kirurg

scalpel

skalpell

operation

operasjon

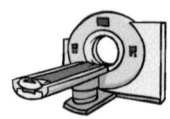

CT

CT

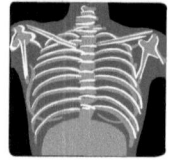

x-ray

røntgen

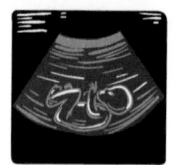

ultrasound

ultralyd

face mask

ansiktsmaske

disease

sykdom

waiting room

venterom

crutch

krykke

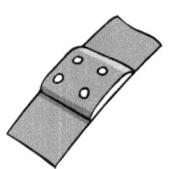

plaster

plaster

bandage

bandasje

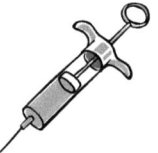

injection

injeksjon

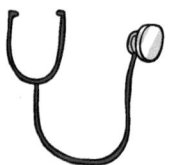

stethoscope

stetoskop

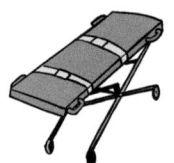

stretcher

båre

clinical thermometer

klinisk termometer

birth

fødsel

overweight

overvekt

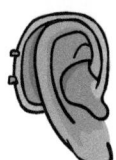

hearing aid

høreapparat

disinfectant

desinfeksjonsmiddel

infection

infeksjon

virus

virus

HIV / AIDS

HIV/AIDS

medicine

medisin

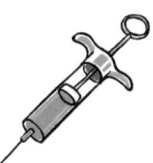

vaccination

vaksinasjon

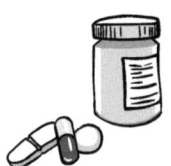

tablets

tabletter

pill

pille

emergency call

nødanrop

blood pressure monitor

blodtrykksmåler

ill / healthy

syk / frisk

Help!

Hjelp!

alarm

alarm

assault

overfall

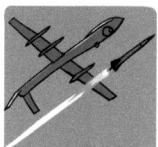

attack

angrep

danger

fare

emergency exit

nødutgang

Fire!

Brann!

fire extinguisher

brannslukker

accident

ulykke

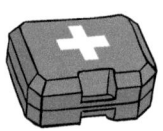

first-aid kit

førstehjelpsskrin

SOS

SOS

police

politi

Europe

Europa

North America

Nord-Amerika

South America

Sør-Amerika

Africa

Afrika

Asia

Asia

Australia

Australia

Atlantic

Atlanterhavet

Pacific

Stillehavet

Indian Ocean

Det indiske hav

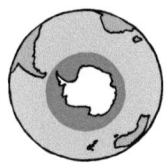

Antarctic Ocean

Sørishavet

Arctic Ocean

Nordishavet

North pole

Nordpolen

South pole
Sydpolen

Antarctica
Antarktis

earth
jorden

land
land

sea
sjø

island
øy

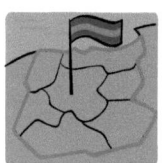

nation
nasjon

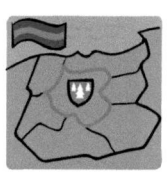

state
stat

clock face

urskive

hour hand

timeviser

minute hand

minuttviser

second hand

sekundviser

What time is it?

Hva er klokken?

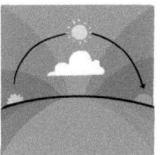

day

dag

time

tid

now

nå

digital watch

digitalklokke

minute

minutt

hour

time

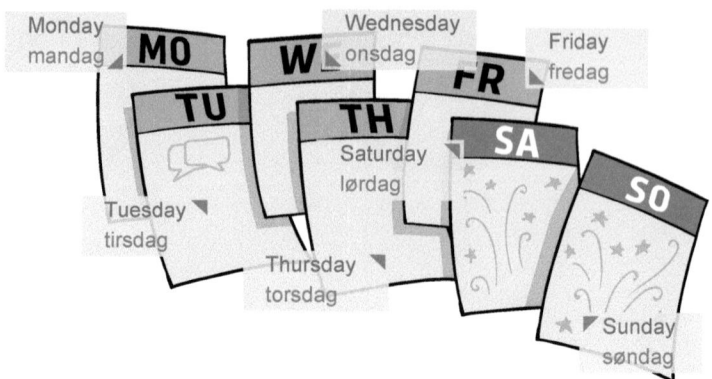

yesterday

i går

today

i dag

tomorrow

i morgen

morning

morgen

noon

middag

evening

kveld

workdays

arbeidsdag

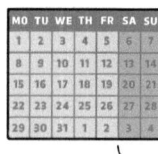

weekend

helg

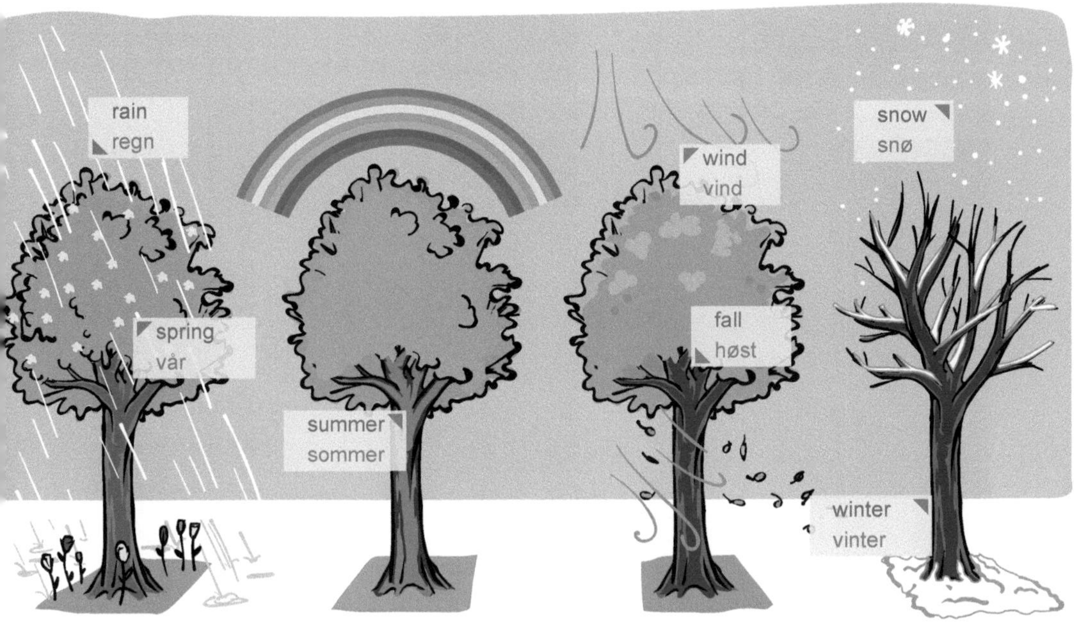

rain
regn
snow
snø
wind
vind
spring
vår
fall
høst
summer
sommer
winter
vinter

4.APRIL 11°
5.APRIL 4°
6.APRIL 13°
7.APRIL 8°
8.APRIL 10°

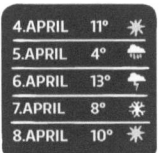

weather forecast

værmelding

F
C
120
90
60
30
0
-30
40
30
20
10
0
-10
-20

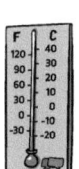

thermometer

termometer

sunshine

solskinn

cloud

sky

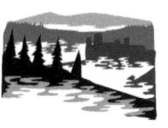

fog

tåke

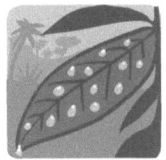

humidity

luftfuktighet

lightning

lyn

thunder

torden

storm

storm

hail

hagl

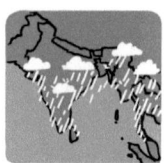

monsoon

monsun

flood

oversvømmelse

ice

is

January

januar

February

februar

March

mars

April

april

May

mai

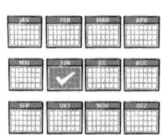

June

juni

July

juli

August

august

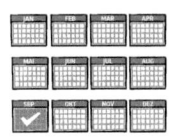

September
september

October
oktober

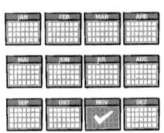

November
november

December
desember

shapes
former

circle
sirkel

square
kvadrat

rectangle
rektangel

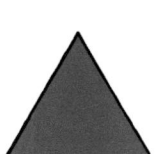

triangle
triangel

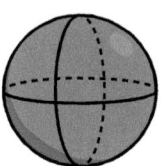

sphere
kule

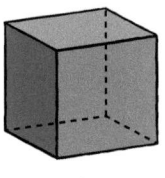

cube
kube

colors

farger

white
....
hvit

yellow
....
gul

orange
....
oransj

pink
....
rosa

red
....
rød

purple
....
lilla

blue
....
blå

green
....
grønn

brown
....
brun

gray
....
grå

black
....
svart

a lot / a little

mye / lite

angry / calm

sint / rolig

beautiful / ugly

pen / stygg

beginning / end

start / slutt

big / small

stor / liten

bright / dark

lys / mørk

brother / sister

bror / søster

clean / dirty

ren / skitten

complete / incomplete

fullstendig / ufullstendig

day / night

dag / natt

dead / alive

død / levende

wide / narrow

bred / smal

edible / inedible

spiselig / uspiselig

evil / kind

ond / snill

excited / bored

begeistret / lei

fat / thin

tykk / tynn

first / last

først / sist

friend / enemy

venn / fiende

full / empty

full / tom

hard / soft

hard / myk

heavy / light

tung / lett

hunger / thirst

sulten / tørst

ill / healthy

syk / frisk

illegal / legal

ulovlig / lovlig

intelligent / stupid

intelligent / dum

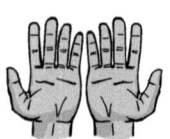

left / right

venstre / høyre

near / far

nære / langt unna

new / used

ny / brukt

nothing / something

ingenting / noe

old / young

gammel / ung

on / off

på / av

open / closed

åpen / stengt

quiet / loud

lavt / høyt

rich / poor

rik / fattig

right / wrong

riktig / feil

rough / smooth

ru / glatt

sad / happy

trist / glad

short / long

kort / lang

slow / fast

langsom / rask

wet / dry

vått / tørt

warm / cool

varm / lunken

war / peace

krig / fred

opposites - motsetninger

0

zero

null

1

one

en

2

two

to

3

three

tre

4

four

fire

5

five

fem

6

six

seks

7

seven

sju

8

eight

åtte

9

nine

ni

10

ten

ti

11

eleven

elleve

12

twelve

tolv

13

thirteen

tretten

14

fourteen

fjorten

15

fifteen

femten

16

sixteen

seksten

17

seventeen

sytten

18

eighteen

atten

19

nineteen

nitten

20

twenty

tjue

100

hundred

hundre

1.000

thousand

tusen

1.000.000

million

million

languages
språk

English

engelsk

American English

amerikansk engelsk

Chinese Mandarin

mandarin

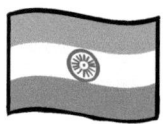

Hindi

hindi

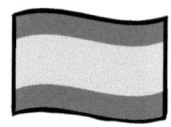

Spanish

spansk

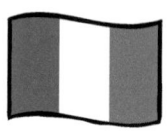

French

fransk

Arabic

arabisk

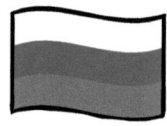

Russian

russisk

Portuguese

portugisisk

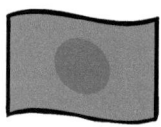

Bengali

bengali

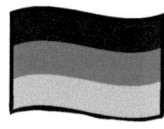

German

tysk

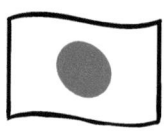

Japanese

japansk

I
jeg

you
du

he / she / it
han / hun / det

we
vi

you
dere

they
de

who?
hvem?

what?
hva?

how?
hvordan?

where?
hvor?

when?
når?

name
navn

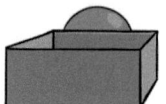

behind

bakom

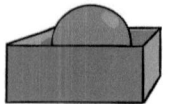

in

i

in front of

foran

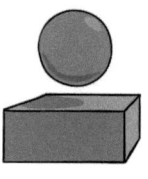

over

over

on

på

under

under

beside

ved siden av

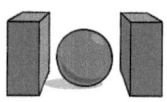

between

mellom

place

sted